LOS MUERTOS BEBEN CAFÉ
EN EL PSIQUIÁTRICO

ExLibric

ADRIANO FERRER LÓPEZ

LOS MUERTOS BEBEN CAFÉ EN EL PSIQUIÁTRICO

EXLIBRIC

ANTEQUERA 2025

LOS MUERTOS BEBEN CAFÉ EN EL PSIQUIÁTRICO
© Adriano Ferrer López
Imagen de cubierta: ilustración de Daniel Urrabieta Vierge publicada por el semanario *Le Monde Illustré* el 14 de agosto de 1887 (BNF Gallica). La imagen muestra la actividad del servicio de electroterapia del hospital parisino de la Salpêtrière.
Diseño de portada: Dpto. de Diseño Gráfico Exlibric

Iª edición

© ExLibric, 2025.

Editado por: ExLibric
c/ Cueva de Viera, 2, Local 3
Centro Negocios CADI
29200 Antequera (Málaga)
Teléfono: 952 70 60 04
Fax: 952 84 55 03
Correo electrónico: exlibric@exlibric.com
Internet: www.exlibric.com

ISBN: 979-13-87707-70-5
Depósito Legal: MA 866-2025

Impresión: PODiPrint
Impreso en Andalucía – España

Nota de la editorial: ExLibric pertenece a Innovación y Cualificación S. L.

ADRIANO FERRER LÓPEZ

LOS MUERTOS BEBEN CAFÉ
EN EL PSIQUIÁTRICO

PRIMER PREMIO en el XV Certamen de Poesía
Gumersindo Galván de las Casas, 2019, Breña Baja, Canarias

Veredicto del jurado: «El texto introduce al lector, con tono poético y perseguida incoherencia, en las situaciones y reflexiones acontecidas en la consulta psiquiátrica, que es la experiencia de la vida. Además, difumina de forma voluntaria las fronteras de la locura entre pacientes y personas sanas. Adriano Ferrer López sitúa su poemario en la impotencia de los seres humanos por querer evadir las trampas de la locura, tanto dentro como fuera del psiquiátrico que con maestría describe».

Índice

A Rocío Infantes,
para que las piedras la reconozcan.

Caballos dorados en tropel
arremeten cuando llega la noche:
descenso hacia el país de las rosas finales.
ADRIANO FERRER LÓPEZ

I

PRÓLOGO

La poesía auténtica es muy exigente y reclama la autocrítica. Hoy en día nos reímos de quienes componen malos poemas, pero ellos gozan escribiendo, se veneran y, si te callas, por propia iniciativa alaban felices todos sus escritos por las redes sociales. Sin embargo, quien desee hacer un poema ajustado a las reglas del arte, junto con las exigencias de la tradición tomará el carácter de un censor honesto; todas aquellas palabras que tengan poco brillo, que carezcan de vigor y que se estimen indignas de aprecio (esencia y música) se debe proceder a eliminarlas del paisaje poético, aunque se nieguen a desaparecer y continúen habitando en el santuario de la mal entendida *originalidad*.

Horacio y Adriano Ferrer López

II

LOS MUERTOS BEBEN CAFÉ
EN EL PSIQUIÁTRICO

Sala de visitas

I

Contemplas con dulzura
    la casa de ti en esa sombra de muñeca
    (el viaje a los ojos del pensamiento
      ha concluido, pero el barco
    sigue su marcha dentro de la taza de café).

Contemplas la distancia entre los relojes y tú.
    Las estrellas se comen
    los encuentros del alba.

De repente,
el viento agita el corazón
    y las ventanas profetizan el invierno.

Luego,
de esa casa huyen los días y las noches:
    tú eres un montón de pájaros y misterios.

II

En el momento de las flores quemándose,
        la patria de ti,
el ropaje de tus ojos
        y todos los espejos de la palabra
            abrevian las lágrimas
                y el amor huye por las alcantarillas.

Un adiós al jardín de tus egos,
        un deslumbramiento asimétrico de tus labios,
                un ayer para tus ninfas verduleras…

El taxista, que tal vez sea el otro oficio de Dios,
        esparcirá los huesos de tu memoria,
                y toda tu vida
            se romperá sobre un nido de hormigas hambrientas.

Entonces, un borracho soñará
tu existencia en el sucio callejón de los enigmas.

III

Había en ese trozo
de pan una noche. Esa noche
un hombre que grita
y nadie lo oye.

De cosas así están hechos los agujeros
del sueño
y el sutil pensamiento de un perro.

La sed de tiempo
envuelve
el sonido desarticulado de las piedras.

El hombre y su guitarra
son la muerte
de las intenciones.

IV

Voy a subir al balcón
con mis lluvias más secretas.
Desde allí,
y con los crepúsculos,

golpeando las horas de mi alma,
he de llorar verde
el asombro de ser agua
　　　　　y vivir desierto,
transparente misterio de un *fue,*
　　　　oquedad de un futuro
　　　　sin nombre ni sustancia.

El mirlo y yo danzaremos
en el espacio final de la ciudad,
vestidos de ayeres insondables,
y el instante todo

　　　　　　　　　　cultivará en mí
　　　　　　　　　　sus rosas.

V

Aquí me estoy yo,
en este psiquiátrico,
　　　　con mis árboles,
　　mis dolores y mis monedas
　　en la boca de los muertos.

El café está servido,
pero los niños de la jaula no nacieron…
Desolación, desolación, desolación:
detrás de mis ojos hay una ternura fúnebre.

Aquí me estoy yo,
hecho un viejo ángel frente al sol
cantando la bella putrefacción de su carne.

SALA-BAR

Destino o intento de una terapia

He construido una casa detrás de este efímero
movimiento de días,
para guardar los gritos,
para que lo misterioso del trayecto
no se consuma con el humo del cigarro,
mientras la rotura cobra fuerza en eso tan amado
frente al espejo.

Utopía fuego

El lenguaje, *cuyo incendio diseñaron*
cazadores y guerreros,
abrevia la máscara de tu ser en mi ser.
No hay principio en ese arte,
pero sí un final que modifica el corazón de las palabras.

Signos en llamas, marionetas que huyen
en el vuelo de las mariposas.

El intento por juntar significaciones
rompiéndose en la blancura de todas las mañanas.

Postrimerías y fragmentos

Llueve en lo inmóvil,
en las puertas de un deslumbramiento.
Absorto y fatal, en un nido de nombres ajenos,
el tiempo resiste el olor de lo breve.
En torno a mí, formas y distancias de un hueco
tejen cuerpos que, obstinados,
se lanzan a las vías del tren.
Eso tan terrible, eso tan hermoso.

La dama insólita

De sus noches caen todos los colores del silencio.

La mesa es blanca, es agua y no espera a nadie.
¿Qué hará con esta infinita certidumbre
de ser brillo súbito en los zapatos de cualquiera?

En sus labios crecen piedras
y las moscas que la rodean son enfermeras
de un crepúsculo intraducible.

Desde el sótano

Afuera hay espejos
y la luna espanta las luces del semáforo.
Seré el último mirar del ahorcado,
el viaje por la herida de siempre,
el borde negro del día.

Afuera no es posible el sol
sin la inutilidad, sin la irrupción de la tragedia.
Por eso, yo me estoy aquí,
quieto e inconcluso en el zaguán de los maizales,
esperando el sonido de los tambores
y la prohibición del aire.

Sala de fumar

I

Y, de repente, el tiempo
suplicando la ruptura del agua negra.
Ella no sabe jugar con la verdad del movimiento.

II

El rencor finaliza mi plenitud.
Mi vacío tuvo forma de huesos azules.

III

Quise ser día y lágrima,
pero la tierra se arrancó los ojos.

IV

La razón fue siempre una tarea imprecisa del corazón.

V

Al frágil paisaje del polvo
le debo la certeza de mi casa.

VI

Hago la sombra en flor.
Y ella me hace a mí como tributo de lo nefasto.

VII

Insectos henchidos de pensamientos impuros,
mañanas amontonadas en el contenedor de basura,
caricias triturando el origen de las cosas.

VIII

El hacedor ama el mundo de las lilas
y el tierno abrigo de lo perdido.
Son las huellas de esta lluvia sus horas rojas.

IX

Bastará decir que adentro de mis venas crecen lobos.
Bastará mostrar el tren lleno de parásitos invisibles.
y las ninfas de tu presencia.
Tú y yo unidos por un hermoso cadáver.

X

He aquí la sangre en su precioso estado de alba.

Cuelgan de tu mirada noches y ropa sucia.
Sí, he aquí un sueño inexpresable.

XI

El mar llora todos los rostros. Nadie lo sabe.
Los sucesos y las gaviotas emancipan la historia.

PUERTA DE SALIDA

No olvides nunca que el psiquiátrico eres tú.
Gracias por volver a entrar sin ti.

III

BODEGONES

Bodegón de cocina con vieja arrancándose los cabellos

La madre descubre las melancolías del pan
en sus días animales.
Me dice: «Eres hermoso, semejante a un ángel
que se pudre tras el crepúsculo de las palabras».

A los dos nos comió la noche de pelo blanco.

Festón con prisioneros, uvas y pedazos de sombra

Trato de huir, pero me sujetan los ríos de tu nombre
con su tejido de estrella y sangre.

Naturaleza muerta con copa craneal dorada

Sueño, entonces, con la lluvia cayendo sobre su único sexo.
Jugamos a estar vivos.
Luego hacemos el amor debajo de la tierra.

Bodegón con mujer sin ojos

A una casa de buitres me llevó la bebedora de enigmas.
Ahí mis huesos se volvieron flores
que no quieren ser flores.
Ahí mis trabajos con el alba fueron muertos
que soñaban muertos.

Niña comiendo pan con moho

Su cabellera flotaba en la ciudad de los paralíticos.
Nadie le vigila el mirar de tren sin freno.
Todos le besan los pies verdes.

Naturaleza muerta con muñeca hinchable

—¿Te trajo al mundo una mariposa de polvo lila?
—pregunta la muñeca desde el contenedor de basura.

Bodegón con bomberos de guadaña líquida

El sol es un hombre que arde en mitad de la calle.
Luego todos los hombres arden,
pero siguen siendo escombros.

El sepulturero triturando relojes blandos

En tu piel, noche, mutilan a las rosas.
La luna juega a ser serpiente enroscada,
y los ahorcados ya no son lo que eran.
Esa negligencia incrementa el dolor
de los días más bellos.

Bodegón de panes con moscas y flores

El viaje, Ulises, es demasiado corto:
así fue siempre.
El alimento de tu belleza, Adonis,
lo recoges de los basurales:
así fue siempre.
He venido a ver de cerca,
porción de materia sin nombre,
lo que no existe: siempre fue así.

El hacedor cortando cabezas de barro

Todo lo que tiene un signo,
un nombre, una representación, un diseño,
está hecho de fuego que se agota.
Bajo la mano infinita del espejo todo es frío:
es ilusorio el camino de las formas.

Bodegón con brujo y hierbas humeantes

Vivir no es más que romper preguntas
y conjurar vacíos.
En esta ceremonia, vivir es amar lo que no se debe.

Naturaleza muerta con Caronte llorando su trabajo

Estoy arrastrándome entre las
calles sucias de tus pensamientos.
Estoy, estamos, hundidos en la pureza del abismo.

A diferencia de la escritura, la vida nunca se acaba

Afuera llueve la razón su lenguaje.
Adentro las palabras queman ninfas.
En esta casa de contradicciones
todo lenguaje es un lenguaje perdido.

Bodegón con mujer pálida en el tren

Vida cotidiana, duermo en tus vagones.
El tren fue hecho con mis ojos
y minotauros alcohólicos hablan del vuelo hacia abajo.

Bodegón de manzanas, huesos y migajas de pan

He aquí tu corazón agitando la virtud del polvo.
La casa es tan grande que no cabe nadie.
Un viejo no es más que una voz
y una sombra que nadie desea.

Bodegón de música, tribu y gritos

Me dieron el sonido de los tambores
y la sagrada voz de la herida.
Soy, en efecto, el ruido de la máscara y la lágrima.

Hormigas devorando una sombra blanca

Una fe en ruinas detrás de mis párpados.
Salón de espejos para distorsionar el crepúsculo.
El mundo se refugia en mi rostro.
Son viejos asuntos sin resolver.

Naturaleza muerta con violinista

En torno al lago en donde guarecen mis huesos
pájaros negros danzan.
Soy tan feliz que deseo volver a morirme.

Bodegón con niño comiendo pan y rosas secas

Al sentir que el tiempo se acerca con secreto poderío,
las rosas, una tras otra, se desvanecen
y todo es conclusión y olvido.

Bodegón con calaveras saliendo del psiquiátrico

Hay que robarle piedras a la aurora
y lanzarlas contra el mundo que nos acusa con usura.
Luego hay que recoger el pan de las tardes sin hojas
y amar la sombra como sombra
en un nuevo espectáculo.

IV

FRAGMENTOS DE UNA CARTA
DE UN PADRE APÓCRIFO

Hijo mío, para cuando leas esta carta yo seré polvo y olvido. No te aflijas: todos lo seremos un día. La gente suele confundir la memoria con la eternidad, sin advertir que dejamos de ser eternos justamente cuando morimos: nada queda ya, sino los fragmentos de un mundo evanescente, lleno de inexactitudes, y que el corazón idealiza para disimular la ausencia total y dolorosa del ser que amamos.

Esta carta, Adriano, poco a poco se convertirá en un puñado de meditaciones grises que, de algún modo, también te pertenecen, una confesión necesaria para comprender los trazos inequívocos de nuestra tragedia familiar. Hijo mío, perdóname la voz rota, la opacidad de este sentimentalismo trivial: solo deseo que estas cenizas pretéritas traducidas en palabras se ajusten a mis esfuerzos por alejar mentiras y acercar verdades. Me temo, sin embargo, que tal empeño me obliga a confiar plenamente en las palabras, aun sabiendo que estas nos traicionan y nos reducen… Y, además, están los cuestionamientos que definen a la verdad con los postulados de la mentira, y las mil teorías sobre los hechos concretos que desprecian las sutilezas de los misterios de la existencia no por ser inteligibles, sino por ofrecer más preguntas que respuestas. Como puedes notar, hijo mío, resulta inevitable ser honesto sin parecer oscuro o profundo sin parecer risible.

Nunca he dejado de ser aquel niño de zapatos rotos que, en medio de la lluvia, llora angustiosamente la ausencia de su madre. Querido Adriano, en estas postrimerías puedo comprobar, no sin dolor, que simplificar mi vida a un único recuerdo es terrible. Ciertamente mis actos tuvieron sus ampliaciones, sus matices y sus ruidos como la de todos los hombres, pero solo algunos hemos comprendido, gracias al hiperbólico tamaño de nuestras miserias, que la última quietud es la más hermosa. No te llames a espanto: la vida se explica atendiendo a sus paradojas y a sus peligros. Y si fue terrible vivir con el recuerdo de una ausencia, lo es aún más no referirla en el trayecto de una vida marcada. ¿Y qué vida, despojada de sus breves encantamientos, no muestra sus fisuras?

He llegado a la conclusión de que la belleza de la muerte —aunque te parezca insensato— adquiere su plenitud en el silencio absoluto; es decir, en el estancamiento irreversible de los placeres terrenales, los vacíos ambiguos y las agonías inmerecidas, porque todas esas experiencias han abarcado en su seno las mayores infelicidades: quien ha sentido el placer de acariciar un cuerpo desnudo, la frágil memoria de un sueño perdido o la esperanza de encontrar en unos ojos ajenos el argumento de su propia existencia sabe que el miedo le ha devorado, de un modo atroz, el espíritu. Por eso, al morir un ser amado, la melancolía, el dolor y la ausencia son sentimientos preciosos justamente por su nobleza. El cuerpo sin luz consagrado a la naturaleza puede resultar irónico y contradictorio, pero es la única forma de alcanzar el auténtico estado de felicidad: esa serena casa que está hecha de silencios eternizados para albergar en su seno el polvo y el olvido, sinónimos y conclusión de todo lo viviente. Por tanto, hijo mío, en nuestro final se encuentra nuestra belleza superior; lo demás son excusas ilusorias para llegar hasta ella, excusas teñidas de ensoñaciones y que, muy a pesar de ello, nuestro cuerpo dirigido por un alma sin nombre se sume en esos riesgos y en esos espejismos para dar término a un viaje que nunca debimos emprender.

Sé que ahora mismo tus razonamientos están abrumados por el estupor y la confusión: somos muy pocos los que hemos deseado la muerte con vehemencia y dulzura, desde que hemos comprendido que la vida —más bien la pesadilla de la vida— es el continuo desmoronamiento de nuestras insistencias, amontonadas y sin orden, que suplican los ropajes de la esperanza.

Morir por decisión propia no me enorgullece en lo absoluto, pero lo prefiero: muchos han decidido ya mi vida, que quiero que este acto sea una obra enteramente mía. No pretendo, como asegura mi psiquiatra Celso, ser imperecedero a través de un acto que él califica de cobarde. Admiro su preocupación y la forma que tiene para infundirme su fondo humano de permanencia, reduciendo el suicidio a la mera conjetura de debilidad. Pero se equivoca, como se equivocan todos —y tal vez tú también—, porque para apretar el gatillo de una pistola, precipitarse desde lo alto de un puente, seguir luchando en una guerra que se sabe de antemano perdida o ingerir un cúmulo de barbitúricos, se necesita precisamente de una valentía superlativa, capaz de destruir los grilletes del miedo descomunal que preludian el fin. Se trata de otro miedo, yo diría, purificado; un miedo semejante al que se siente cuando contemplamos el amanecer a pesar del arma que apunta nuestra frente o cuando damos un mordisco al exquisito fruto recién extraído de una planta venenosa. No sabe Celso, ni nadie, hijo mío, la magnitud de mis esfuerzos por seguir luchando, pero el sabor de la vida se me ha perdido y, además, estoy muy agotado.

Escribir sobre la vida de un hombre —o lo que quiera que esa aventura signifique— es una tarea ardua e imprecisa. Peor aún si eres tú mismo quien intenta decir algo de lo que fuiste o dejaste de ser, pues sueles caer en argumentos banales, en huecos sentimentalismos y cronologías absurdas: ya lo hacen, hijo mío.

Además, yo sé que las palabras no alcanzan para atrapar el fuego indescifrable del alma, ni la viva sombra de la memoria, ni el presente perdido en la concreción de un sueño. Y, sin embargo, son las palabras las que nos definen, porque intentan comunicar a los otros el perfil de una vida tan incomprensible por ser trivial, tan irracional por ser fervorosa y tan breve por ser marginal. Adriano, las palabras son los cuadros de Goya, la música de Chopin, la carne danzante de Kostina o cualquier otra forma de ardor humano. ¿Qué sería del hombre sin el símbolo, la grafía, la imagen, el sonido, el cuerpo, lugares todos donde se traduce su esencia? Nada. En definitiva, no tenemos más remedio que creer a ciegas en las palabras, dotarlas de sustancia, aunque estas, muchas veces, nos hagan resbalar o erijan muros en los que hay un recto valle de convivencia… Asumiendo esos riesgos, esas traiciones, hijo mío, todas las palabras aquí reunidas serán mi bien más preciado.

Yo diría que nada y todo me conduce a esta determinación final y sincera. Ni siquiera tu inesperada presencia —lo siento, hijo mío— ni el cariño de mi hermana querida, ni el cálido regazo de mi abuela Martafé podrían haber impedido mi muerte, porque el mundo se me ha caído encima y solo deseo dormir sin ser interrumpido. No creas que no he pensado en tu orfandad, Adriano: también me duele, pero llamo a tu corazón para que sienta la oscuridad sin fin de un alma condenada, de una marioneta que sangra confusiones, de un artista cuya fórmula quejumbrosa y recriminatoria obra rincones desoladores…

¿Qué puede ofrecer un loco sino locuras? ¿Qué puede ofrecer un muerto sino muerte? Y tú, hijo mío, a pesar de todo, necesitas trazar una nueva vida, calmar tu sed con otras aguas, dirigir los rayos del sol hasta tus sombras imprevistas, respirar del aire

que me fue negado, modificar los sueños que me envolvieron…
En suma, Adriano, tú necesitas la brisa incesante de la primavera
que no sentí en los terrenos baldíos por los que transité.

No sé explicar con términos más llanos el grave malestar que
me contiene, y la visualización de una vida futura con soluciones
más alentadoras me resulta excesiva, utópica y dolorosa, porque
sería prolongar los días de un ser, cuyos fragmentos se inclinan
más por abrigar la casa del viento o por viajar diminuto ya en el
olvido, que por soñar con una nueva máscara...

Sobre el autor

Adriano Ferrer López obtuvo en la Universidad de Barcelona el título en Filología Hispánica con un trabajo sobre el barroco en la obra de Jorge Luis Borges. Luego, en la misma universidad, culminó el Máster en Lengua Española y Literaturas Hispánicas con la tesis sobre la narrativa de la violencia política en el Perú.

Ha escrito poesía y narraciones, entre las que destacan *Cuánto lastiman las sombras* (miscelánea adolescente), *Carina o los naufragios de la gaviota* (segundo premio de prosa en el V Certamen Litcrari Antoni Vilanova de poesía y relato breve, 2010), *Un árbol de hojas blancas, Los fragmentos del enigma, La rosa en el contenedor de basura* (segundo premio de poesía en el VII Certamen Literari Antoni Vilanova de poesía y relato breve, 2013, y publicado en 2021), *Tratado del vacío 2.0, De sus ojos llueven noches* (primer premio en el VIII Concurso de Poesía y Prosa Narrativa Granada Joven, 2017), *Los muertos beben café en el psiquiátrico* (ganador del XV Certamen de Poesía Gumersindo Galván de las Casas, Breña Baja, Canarias, 2019, y publicado en 2025).